STRATÉGIES SECRÈTES POUR GAGNER BEAUCOUP D'ARGENT DANS L'ENTREPRISE À PLUSIEURS NIVEAUX

DÉVELOPPER VOS COMPÉTENCES EN VENTE,
APPRENDRE À RÉUSSIR DANS UNE ENTREPRISE DE
MARKETING DE RÉSEA

Gaston Echevarria

Table des matières

Introduction : Marketing multi-niveaux

Le marketing multi-niveaux, ou MLM, est une stratégie marketing qui crée une descendance de distributeurs et une hiérarchie de niveaux multiples de rémunération. La force de vente est compensée non seulement par ses propres ventes, mais aussi par les ventes des personnes qu'elle aide à recruter. Les entreprises, qui ont une large base de produits, ne peuvent souvent pas employer une force de vente équivalente et croient qu'elles seraient mieux loties sans l'approche traditionnelle. Par conséquent, ils mettent en œuvre MLM pour survivre à la concurrence des multinationales.

MLM est également connu sous le nom

de marketing de réseau parce qu'il utilise un réseau de clients individuels pour toucher d'autres clients potentiels. En d'autres termes, chaque client individuel sert de représentant commercial.

> ### ➢ *Marketing multi-niveaux ou marketing pyramidal ?*

Les gens confondent souvent MLM avec le marketing pyramidal ; cependant, il y a une distinction très claire entre les deux approches : le marketing pyramidal consiste à obtenir votre argent et à l'utiliser ensuite pour recruter d'autres distributeurs ; MLM, d'autre part, consiste à faire passer le produit par un réseau plus large de distributeurs afin que l'entreprise puisse augmenter son volume de ventes.

Une autre différence entre MLM et le

marketing pyramidal est que le marketing pyramidal exige que chaque niveau DOUBLE avant de créer un nouveau niveau, donc ce n'est pas juste pour les gens qui sont dans les niveaux inférieurs et ce n'est pas éthique non plus. MLM, cependant, accorde une commission basée sur le volume de produits vendus par le biais de ses propres efforts de vente, ainsi que celle de l'organisation de la descendance.

Puisque MLM fait face aux risques de démarrer une entreprise qui n'a pas été prouvée par des clients non reconnus, les gens préfèrent attendre des années avant de se joindre à MLM. Ils témoignent donc aussi de la trajectoire et de la fiabilité de l'entreprise.

> ***Structure du marketing multi-niveaux***

Le marketing multi-niveaux suit une structure significativement différente du marketing pyramidal : le réseau est divisé en parties comprenant un nombre différent de personnes. Certaines parties du réseau peuvent être composées de personnes de rang inférieur parce que l'initiateur n'a peut-être pas été en mesure d'inscrire plus de personnes ; cependant, d'autres parties peuvent avoir prospéré parce qu'un génie du marketing qui travaille dur a de bonnes ressources. Par conséquent, MLM s'avère être une approche plus juste de la génération de revenus.

> ***Croissance au sein d'entreprises de marketing multi-niveaux***

Une opportunité MLM, avec un large

réseau de contacts, apporte avec elle de plus grandes perspectives de croissance à mesure que les membres deviennent plus enthousiastes à l'idée de présenter plus de personnes. De plus, les dirigeants du réseau sont encouragés à partager leurs expériences avec leurs subordonnés. En effet, l'amélioration des performances des nouveaux participants et de leurs subordonnés se traduira par de plus grands avantages pour les personnes âgées.

Par conséquent, les entreprises de marketing à plusieurs niveaux peuvent profiter d'excellentes occasions de générer des revenus. La seule clé est d'en choisir un avec un produit ou un service réussi, afin que vous préfériez pour vous-même.

Qu'est-ce que le marketing multi-niveaux ou MLM est vraiment

Le marketing multi-niveaux est en fait une révolution dans la distribution. L'évolution du marketing multi-niveaux a favorisé un changement de paradigme d'affaires qui a considérablement changé les façons traditionnelles de commercialiser et de distribuer un produit aux utilisateurs finaux. Le marketing à plusieurs niveaux a éliminé le besoin de magasins, de grossistes, de détaillants et de budgets publicitaires supplémentaires, ce qui en fait l'une des méthodes de marketing les moins coûteuses. Cette nouvelle façon de commercialiser les produits a permis de libérer une grande quantité d'argent qui était auparavant consommée par d'énormes budgets publicitaires et qui peut maintenant être utilisée pour développer des produits meilleurs et innovateurs.

- **Portée du marketing multi-niveaux**

La technique de marketing multi-niveaux intègre de multiples niveaux de marketing qui s'étendent à des masses de clients potentiels et c'est ce que toutes les entreprises veulent vraiment atteindre le nombre maximum de prospects. Surtout avec l'avènement du marketing Internet, la portée de MLM ou le marketing de réseau a atteint le sommet. Les entreprises de divers secteurs tels que les produits de soins de santé, les gammes de produits de beauté et de soins de la peau, les cosmétiques et plusieurs autres ne peuvent pas vraiment survivre à long terme sans mettre en œuvre des stratégies de marketing à plusieurs niveaux, surtout dans le cadre de leurs activités.

Soulignant la portée du marketing multi-niveaux, Michael L. Sheffield, PDG de Sheffield Research Network, une société de conseil en ventes directes et MLM, a écrit un article intitulé "Comp Plan Conversion : Direct Sales to MLM Compensation Plans" dans son journal de février/mars 1999, dans lequel il affirme que MLM a introduit un changement de paradigme dans les affaires traditionnelles en ventes directes et que le succès des sociétés MLM a augmenté plusieurs fois avec la révolution Internet. Il a également cité la déclaration de Neil Offen, président de la Direct Selling Association, selon laquelle MLM était passée de 25 % des membres de la Direct Selling Association en 1990 à 77,3 % en 1999.

- ***Possibilités de marketing à plusieurs niveaux***

Le marketing à plusieurs niveaux est une course aux innombrables opportunités et perspectives de croissance dans l'économie. Aujourd'hui, le marketing à plusieurs niveaux est non seulement considéré comme l'une des sources les plus rentables et les plus efficaces de commercialisation et de distribution de ses produits et d'amélioration de ses ventes, de ses profits et de ses occasions d'affaires, mais aussi comme une source de création d'emplois dans l'économie. Comme de plus en plus de gens se dirigent vers le e-marketing et les ventes en ligne, MLM crée une flambée de possibilités d'emploi et est considérée comme une source de revenu résiduel pour un certain nombre de personnes dans le monde, y compris les étudiants, les chômeurs et les femmes, notamment les femmes au foyer. De plus, MLM offre une variété d'avantages aux entreprises pour réaliser des profits maximums.

- ***Comprendre le modèle MLM***

Comme mentionné ci-dessus, MLM marketing est également connu sous le nom de marketing de réseau et, comme son nom l'indique, a un nombre multiple de personnes (et / ou des réseaux) commercialisant un produit aux consommateurs. En termes très simples, dans le cadre du marketing multi-niveaux, une entreprise emploie un représentant commercial (parfois appelé distributeur, affilié ou associé) qui effectue les tâches de base suivantes.

Tout d'abord, trouver des clients et générer des ventes.

Deuxièmement, générer, recruter et former d'autres personnes en tant que représentants commerciaux pour attirer des clients ou générer des ventes.

Discutons en détail du fonctionnement du modèle de marketing multi-niveaux....

- ***Modèle de commercialisation à plusieurs niveaux***

Le modèle en quatre étapes suivant montrera comment fonctionne un modèle de marketing à plusieurs niveaux :

Étape I : Les représentants des ventes reçoivent les clients

Au départ, la société MLM nomme un représentant commercial et/ou un distributeur dont le but principal est de vendre le produit ou le service à des clients potentiels. Le nombre initial de clients que vous devez obtenir varie en fonction du business plan et de la structure de la commission. Mais il est généralement préférable d'obtenir autant de clients que la personne peut retenir efficacement et faire des ventes répétées à eux. En outre, si la structure de paiement de votre entreprise est plus gratifiante pour former les gens à obtenir plus de clients que comme un vendeur MLM, vous devriez limiter vos efforts pour obtenir quelques clients d'abord à ce stade et ensuite se concentrer sur la prochaine étape qui est de les former pour promouvoir les ventes. Cette stratégie est très appropriée pour les entreprises qui vous payent pour "dupliquer votre identité".

Étape II : Former et recruter une personne en tant que représentant commercial :

Après avoir généré quelques clients et leur avoir fait des ventes comme le fait le marketing direct normal ou les ventes directes, la prochaine tâche d'un vendeur à plusieurs niveaux est de former une personne pour agir en tant que représentant commercial et de la convaincre d'apporter plus de prospects et de générer plus de ventes pour la société. Cette personne s'appellerait votre descendance. Ici, votre rôle est celui d'un recruteur plutôt que celui d'un détaillant ou d'un distributeur.

Étape III : Vous apprenez au représentant comment former et recruter une autre personne comme représentant des ventes :

Une fois que votre représentant commercial aura assez de clients à volonté et générera assez de ventes, il est temps pour vous de le former pour qu'il

16

obtienne un représentant commercial. Votre travail en tant que leader comporte maintenant de multiples dimensions, telles que générer plus de ventes, former le personnel pour qu'il devienne un représentant des ventes et former le représentant des ventes pour qu'il forme les futurs employés à devenir un représentant des ventes. L'orientation de vos efforts dépendra encore une fois de votre plan de commission ; vous, en tant que vendeur, concentrerez vos efforts là où vous pouvez gagner les commissions les plus élevées.

Etape IV : Répétez les étapes ci-dessus pour générer une chaîne de caractères :

Une fois que vous aurez recruté et formé votre représentant commercial pour former plus de personnes et générer plus de clients, vous pouvez maintenant recruter un autre représentant commercial et suivre la même procédure en mettant en réseau les distributeurs dans votre downline. C'est pourquoi on l'appelle marketing multi-niveaux ou marketing de réseau et, par conséquent, les entreprises par le biais de tactiques MLM peut non seulement générer des clients fiables, mais ils peuvent également apporter leurs produits et / ou services à des masses de personnes avec des coûts minimes et dans une période de temps relativement plus courte que les méthodes marketing traditionnelles.

La procédure ci-dessus explique bien le modèle MLM, mais est-il toujours plus facile à obtenir tel qu'il apparaît ? ou comment une entreprise peut-elle promouvoir le marketing MLM ? Un régime de rémunération bien conçu est la seule réponse aux questions ci-dessus. Dans le prochain chapitre, nous discuterons des lignes directrices pour l'élaboration d'un plan de rémunération efficace.

Conseils pratiques

Comme nous l'avons mentionné plus haut, le marketing à plusieurs niveaux est simplement un modèle d'affaires pour faire passer les produits et services de la production au consommateur en utilisant un réseau de distributeurs indépendants avec un plan de paiement de commission à plusieurs niveaux. Comme les distributeurs peuvent recruter d'autres distributeurs et constituer des équipes pour travailler ensemble, le plan de paiement est aussi un peu complexe. Dans n'importe quelle société MLM, la clé de base pour diriger la force de marketing de MLM dans la direction requise pour produire les meilleurs résultats est le plan de rémunération. Les plans de commission ou les plans de rémunération sont la façon dont les sociétés MLM récompensent la production d'un distributeur qui pousse le canal de distribution à maximiser ses profits.

> ### *Stratégie de rémunération de base*

Il est important de noter que chaque entreprise est différente et que chacune a des plans de commission différents, dont certains semblent également complexes ou compliqués. Toutefois, la stratégie d'élimination sous-jacente comporte les éléments de base suivants.

Commission de vente au détail : Comme son nom l'indique, la commission de vente au détail est la commission destinée à motiver le vendeur à générer des ventes. La commission versée à un vendeur pour le nombre de ventes qu'il effectue à ses clients.

Commission de parrainage : La composante suivante d'un plan de rémunération MLM est la commission versée à un vendeur pour les ventes générées par sa descendance, ce qui oblige le vendeur à se concentrer sur la persuasion et la génération d'autres représentants commerciaux pour la promotion des ventes. Les entreprises qui veulent étendre leurs efforts de marketing et de distribution paient généralement de meilleures commissions pour motiver leurs vendeurs à amener plus de représentants commerciaux dans l'entreprise.

Commission de formation : Peu d'entreprises paient également leurs vendeurs pour former des représentants commerciaux. Ces vendeurs agissent essentiellement comme des leaders et possèdent l'expérience, les connaissances et les compétences nécessaires pour former de nouveaux employés.

En plus des éléments ci-dessus, il est également important de mentionner que MLM est tout au sujet de revenus à effet de levier qui est un représentant des ventes qui non seulement gagne des commissions sur leurs propres ventes, mais gagne également des commissions sur les ventes générées par les personnes qu'ils ont présenté, formé et recruté comme représentants commerciaux. Il est également impératif que les spécialistes du marketing se méfient des tactiques qui ne sont parfois pas utilisées de façon éthique par quelques sociétés MLM lors de l'élaboration de plans de rémunération complexes. Dans les chapitres suivants, nous allons discuter des escroqueries et fraudes MLM et les moyens de les prévenir.

✓ *Comment trouver une bonne entreprise MLM*

Bien que l'activité Marketing multi-niveaux ait de très bonnes opportunités et perspectives de croissance et de succès, la statique révèle cependant que la plupart des personnes qui entrent dans cette entreprise font face à un obstacle. Une étude révèle que près de quatre-vingt-cinq pour cent des entreprises MLM échouent dans les dix-huit premiers mois. Par conséquent, pour une personne, il est essentiel de démarrer cette entreprise avec prudence. Voici quelques lignes directrices à suivre :

Étape I : RECHERCHE DE L'ENTREPRISE

Il est essentiel pour le succès d'un spécialiste du marketing de rejoindre une entreprise solide et viable pour entrer en tant que spécialiste du marketing à plusieurs niveaux. Voici quelques points à considérer :

Commencez par une entreprise avec beaucoup d'expérience :

Pour se lancer dans le marketing multi-niveaux, il est généralement sage de commencer avec une entreprise expérimentée qui est en affaires depuis au moins trois ans ou plus. La raison en est que l'entreprise elle-même a passé la phase initiale de survie et doit maintenant être dans la phase de croissance, ce qui augmente ses chances de succès en tant que commercialisateur.

Optez pour une société anonyme :

Les entreprises bien connues et bien établies sont non seulement plus sûres, mais elles ont aussi un accès facile et de haut niveau à l'information sur les antécédents de l'entreprise, ses employés et sa solidité commerciale et financière. Il est également recommandé de comparer le salaire ou la commission avec les ventes moyennes de l'entreprise qui vous dira si c'est un bon point de départ.

Sélectionnez un membre d'un bureau d'affaires :

Il est toujours idéal de se joindre à une entreprise qui est membre d'un bureau d'affaires ou enregistrée auprès de l'Association de vente directe. Cela garantit non seulement la fiabilité de l'entreprise, mais lui permet également de présenter ses plaintes à ces organisations en cas de mauvaise conduite de la part de l'entreprise.

✓ **Enquêter sur l'histoire de l'entreprise :**

Essentiellement, il est important de regarder l'entreprise, de voir comment elle fait des affaires, est-ce pour des raisons éthiques ? Vérifiez son dossier. Vérifiez si vous avez une feuille de route stable et déterminez si les valeurs de l'entreprise correspondent aux vôtres. Il est essentiellement important pour la présence à long terme dans l'industrie du marketing à plusieurs niveaux.

Étape II : RECHERCHE DU PRODUIT :

En plus d'identifier une entreprise solide, il est également très important de connaître le produit à commercialiser. Rappelez-vous que votre succès en tant que vendeur à plusieurs niveaux dépend en fin de compte des ventes du produit que vous offrez. Voici quelques questions à examiner :

✓ *Le produit est-il commercialisable ?*

En tant que vendeur, il est important d'acheter un produit qui est hautement commercialisable et qui possède des qualités et des caractéristiques solides grâce auxquelles vous pouvez promouvoir les ventes. Aussi pour vendre des produits il est nécessaire de connaître leurs caractéristiques. Parfois, il est essentiellement important de faire des recherches et d'avoir suffisamment de connaissances pour commercialiser votre estime de soi. Par exemple, si vous vendez des logiciels, vous devriez avoir une bonne connaissance de la technologie. Par conséquent, avant d'acheter une entreprise, un agent de marketing doit évaluer ces questions.

✓ *Vous aimez le produit ?*

Si vous aimez le produit, il vous sera plus facile de le commercialiser et vous pourrez ainsi convaincre d'autres personnes de devenir représentants commerciaux. Rappelez-vous que le marketing à plusieurs niveaux est plus du bouche-à-oreille, quand vous vous aimez, vous vous sentez plus en sécurité parce que vous savez que le produit est bon et que vous ne faites pas de fausses promesses.

✓ *Son prix est-il raisonnable ?*

Les vendeurs naïfs ignorent souvent l'importance du prix, qui est l'une des raisons de leur échec sur le terrain. Il est essentiellement important de s'assurer que votre produit est bien évalué et qu'il a des qualités excessives ou qu'il est comparativement moins cher que les autres marques disponibles sur le marché, sinon il sera presque impossible pour un vendeur de générer suffisamment de ventes. Aussi, certaines entreprises offrent des rabais sur un certain nombre de ventes, vous devez identifier les rabais associés pour améliorer vos profits.

✓ *Le produit est-il consommable ?*

Pour générer plus de commissions, essayez de choisir des produits de consommation, car cela augmente les chances de ventes répétées. De plus, si votre client aime le produit, vous pouvez le conserver à long terme et ainsi le convaincre d'agir en tant que représentant commercial, ce qui augmentera nos profits futurs.

✓ **Y a-t-il une demande pour le produit ?**

Ne sélectionnez jamais des produits obsolètes ou trop disponibles sur le point de vente. Si vos produits n'ont pas assez de demande, vous perdrez du temps et des efforts pour rien.

Étape III : RECHERCHER LE RÉGIME DE RÉMUNÉRATION :

La prochaine étape cruciale consiste à bien comprendre le plan de rémunération. Comme la plupart du temps, un fournisseur multiniveau fournit un double service, l'un en tant que fournisseur et l'autre en tant que recruteur, votre

commission et votre rémunération
dépendent donc des deux. C'est pourquoi
il est important de comprendre les
politiques de rémunération de l'entreprise
bien à l'avance. Voici quelques conseils :

✓ **Votre rémunération est-elle basée sur les ventes ou le recrutement ?**

N'oubliez pas qu'il est illégal de payer
des commissions sur le nombre de
recrues. Par conséquent, vous devez
identifier le plan de rémunération. Cela
vous aidera à concentrer vos efforts.

Identifier les coûts cachés :

Certaines entreprises exigent un
acompte ou des frais d'adhésion pour
s'inscrire à titre de vendeur ou de

représentant commercial au nom des entreprises. Déterminez si vous allez générer

assez de commissions pour couvrir l'argent initial que vous avez payé. De plus, si l'investissement est relativement élevé, soyez prudent car certaines entreprises frauduleuses demandent à payer d'importantes sommes au départ. Évitez toujours de vous joindre à eux.

✓ *Vous avez une cible à atteindre ?*

Vous devez trouver vos objectifs, par exemple, le nombre de membres que vous devez recruter. Certaines entreprises exigent que vous inscriviez un certain nombre de personnes dans une certaine période de temps avant de recevoir le paiement. Non seulement peu d'entreprises exigent que vous atteigniez le niveau de vente cible avant de vous payer. Cela peut causer des problèmes aux nouveaux vendeurs naïfs.

En plus de ce qui précède, il y a aussi d'autres points importants qui garantissent votre succès en tant que vendeur à plusieurs niveaux. Ce sont ceux-là :

Formation des fournisseurs :

Certaines entreprises offrent à leurs représentants et vendeurs MLM une formation sur les caractéristiques des produits et le profil de l'entreprise. Les bonnes entreprises forment également leur personnel pour améliorer leurs compétences en marketing. Il est préférable de choisir une telle entreprise, surtout si vous êtes nouveau dans l'industrie du marketing à plusieurs niveaux.

Participation active :

Certaines entreprises offrent également un forum de discussion où vous pouvez interagir avec d'autres membres. C'est une bonne chose pour vous, car au cours de votre travail, certaines questions peuvent surgir auxquelles vous avez besoin de réponses et vous souhaitez recevoir des suggestions d'autres personnes de la même entreprise qui peuvent vous aider à résoudre vos doutes et vous donner les bonnes réponses dont vous avez besoin.

Accepter la recommandation du membre actuel :

Contactez toujours quelqu'un qui est

déjà membre de MLM. Demandez-leur leurs recommandations sur l'entreprise et leurs points de vue sur le fonctionnement du système MLM dans l'entreprise.

Méfiez-vous des escroqueries :

Il y a un certain nombre de fausses entreprises et de fausses déclarations. Faites attention avec eux. Dans les chapitres suivants, nous discuterons en détail des escroqueries MLM, qui vous aideront à vous protéger contre l'entrée dans de fausses entreprises.

Bref, une bonne entreprise est composée de gens qui s'engagent à offrir des produits qui contribuent vraiment à améliorer la vie des gens, qui considèrent leurs distributeurs comme leurs actifs et qui ont des plans de rémunération prometteurs qui paient bien leurs efforts, qui forment leurs employés et qui sont toujours là pour aider leurs employés. Par conséquent, si vous suivez les étapes ci-dessus, vous serez en mesure de sélectionner une bonne société MLM qui vous garantira le succès en tant que commercialisateur à plusieurs niveaux.

Marketing multi-niveaux par rapport aux entreprises traditionnelles

Les défenseurs du marketing multi-niveaux décrivent MLM comme le moyen le plus efficace et le plus efficient pour commercialiser et générer des contacts et des ventes pour votre entreprise. Mais les sociétés de marketing traditionnel sont réticentes à adopter de nouvelles stratégies de marketing de réseau pour gérer leurs affaires. De plus, la plupart des gens ne comprennent même pas exactement les différences entre les deux stratégies. C'est pourquoi nous avons consacré ce chapitre à explorer la différence entre les stratégies de marketing à plusieurs niveaux et les stratégies de marketing traditionnelles.

Examinons les principales différences :

• *Différence entre le MLM et le marketing traditionnel*

La différence la plus significative entre MLM et le marketing traditionnel est le rôle du commercialisateur. Dans le marketing multi-niveaux, une personne est d'abord embauchée en tant que représentant commercial qui doit commercialiser l'entreprise et ses produits et/ou services et générer des ventes, ce qui est assez similaire à toute entreprise de marketing traditionnelle. D'autre part, dans le cadre du marketing multi-niveaux, vous êtes également tenu d'identifier et de recruter des représentants commerciaux supplémentaires pour votre downline. Le nouveau représentant des ventes peut à son tour nommer une autre personne comme représentant des ventes ou commercial de l'entreprise.

Dans le cadre de MLM, un vendeur a le pouvoir d'obtenir des clients et recrute et forme un autre vendeur pour obtenir des clients. Toutefois, dans une entreprise de marketing traditionnel, un directeur des ventes et/ou des représentants des ventes sont embauchés par l'entreprise elle-même.

Dans le cadre de MLM, un nombre illimité de représentants commerciaux peuvent être embauchés, qu'ils génèrent suffisamment de ventes ou non, mais dans le cadre d'une société non MLM, les représentants commerciaux sont embauchés en fonction des ressources financières de la société. Un nouveau directeur des ventes n'est également embauché que lorsque le directeur actuel est débordé.

Dans une société MLM, la structure du réseau de distribution s'étend verticalement, alors que dans une société de commercialisation traditionnelle, il y a généralement une expansion horizontale.

Les vendeurs MLM reçoivent souvent des commissions, c'est-à-dire que leur rémunération est généralement basée sur le nombre de ventes réalisées par eux ou par des personnes de leur descendance. C'est pourquoi MLM connaît une expansion rapide, car les vendeurs peuvent recruter autant de commerciaux qu'ils le souhaitent et l'entreprise n'a pas à se soucier des salaires fixes. Cependant, dans le marketing traditionnel, les directeurs des ventes ou les représentants reçoivent souvent un salaire fixe.

En outre, les sociétés MLM n'ont généralement pas besoin de coûts d'établissement élevés par rapport aux sociétés traditionnelles qui ont besoin d'investissements importants pour établir un canal de commercialisation et de distribution complet.

L'une des autres caractéristiques principales du marketing multi-niveaux est que les sociétés mères font beaucoup d'argent. La force de vente de MLM est si importante que même si aucun promoteur ne vend à des niveaux élevés, mais que le groupe dans son ensemble vend à un niveau très élevé, l'entreprise en profiterait quand même. Cependant, dans le système traditionnel, si un gestionnaire ne fonctionne pas bien, les ventes de l'entreprise sont affectées négativement.

Sous MLM, ceux qui ont un rendement élevé gagnent beaucoup d'argent et atteignent le sommet, tandis que les autres (ceux qui ont un rendement faible) ne peuvent survivre et quitter le marché par eux-mêmes. L'entreprise MLM, comme toute autre entreprise traditionnelle, n'a pas à se soucier des procédures fastidieuses d'évaluation, d'embauche, de licenciement, etc.

Par conséquent, les différences ci-dessus manifestent clairement les avantages associés au marketing multi-niveaux par rapport aux méthodes de marketing traditionnelles, puisque MLM n'est pas seulement la forme la plus flexible de marketing, mais aussi, en raison de sa caractéristique de réseau, a tendance à se développer rapidement sur le marché et, si elle est bien ciblée, peut faire des profits énormes pour la société. Non seulement les personnes qui peuvent rejoindre l'équipe marketing de MLM peuvent travailler à tout moment et récolter les bénéfices non seulement sur les ventes qu'elles réalisent, mais aussi sur les ventes réalisées par les représentants qu'elles recrutent. Par conséquent, MLM a la particularité de bénéficier de revenus à effet de levier et d'une plus grande pénétration du marché.

✓ *Vous devez améliorer vos compétences en tant que vendeur*

Il est essentiel pour un vendeur de comprendre que, quelle que soit la taille de l'entreprise qu'il choisit et l'exigence des produits, ce qu'il ne faut pas oublier, c'est que le marketing à plusieurs niveaux exige beaucoup de travail et d'engagement. Il n'est pas possible de faire de grosses sommes d'argent en s'inscrivant une seule fois et en attendant que l'argent arrive. Vous devez constamment vous former et vous mettre à jour et améliorer vos efforts pour assurer des profits à long terme et maximiser vos profits. Voici quelques conseils pour vous aider à améliorer vos compétences en tant que vendeur à plusieurs niveaux.

Gérer votre downline :

N'oubliez pas que votre descendance est votre actif et une source de revenus. Par conséquent, il est important de bien gérer votre downline et de continuer à motiver votre downline à produire un maximum de résultats et à générer un maximum de ventes.

Comprendre différentes personnes :

Il est important pour un vendeur de comprendre qu'il a affaire à plusieurs personnes à la fois, la plupart d'entre elles provenant de milieux différents. Il est essentiel pour lui de former chacun d'entre eux de façon appropriée, car chacun d'eux peut avoir besoin d'un ensemble différent d'informations et de compétences pour améliorer leur efficacité. De même, pour convaincre les gens d'agir en tant que représentant commercial, vous devez, en tant que vendeur, les persuader en fonction de leurs besoins et de leur niveau.

Apprenez à accepter le rejet :

Le marketing multi-niveaux a un taux de rejet élevé, il est donc important de maintenir une attitude positive et d'accepter de prendre un "NON".

Demeurez concentré et persévérez :

Certaines personnes ont tendance à se désintéresser rapidement si elles pensent que leurs plans ne fonctionnent pas parfaitement. Un spécialiste du marketing à plusieurs niveaux devrait éviter cette situation, car elle exige de la persévérance et des efforts ciblés pour atteindre le succès.

Mener des recherches constantes :

Encore une fois, votre succès en tant que vendeur dépend largement de l'entreprise et du produit que vous choisissez. Il est donc impératif d'enquêter bien avant d'entrer dans l'entreprise.

Entraînez-vous et mettez-vous constamment à jour :

Essayez de trouver des entreprises qui offrent une formation constante à leurs vendeurs, cela vous aidera à garder votre auto mise à jour. Si vous comprenez les dernières tendances, technologies et caractéristiques des produits, vous serez en meilleure position pour convaincre vos clients, générer des ventes et diriger votre downline.

Améliorez vos compétences en communication :

Des compétences efficaces en communication et en vente sont la clé du succès de chaque vendeur ; par conséquent, un vendeur à plusieurs niveaux doit constamment améliorer ses compétences en communication.

Parler pour parler.... fiabilité :

Pour réaliser des ventes répétées, il est nécessaire de fournir des informations fiables. Par conséquent, vous devriez être responsable de la commercialisation de

votre produit et éviter les moyens
contraires à l'éthique de générer des
ventes et des prospects.

Entreprises multi-niveaux à succès

MLM Business Essentials

Des milliers d'entreprises MLM sont en activité dans le monde aujourd'hui, mais la plupart d'entre elles disparaissent avec le temps. De nouvelles entreprises ne cessent d'entrer et de sortir du marché. Seules les grandes entreprises peuvent maintenir une existence à long terme. Il est essentiellement important de savoir quelles sont les entreprises qui réussissent en MLM, quelles sont leurs caractéristiques ? Comment une entreprise peut assurer le succès de ses stratégies MLM. Ce sont là quelques-uns des points saillants d'une entreprise de marketing multiniveaux à haute performance.

✓ *Produit unique :*

Peu importe l'efficacité de votre stratégie de vente ou de marketing et la qualité de votre force de vente, rien ne fonctionne si votre offre n'en vaut pas la peine. Un produit unique et bien développé qui satisfait vraiment les besoins du client est une nécessité. Sans un produit de qualité unique sur le marché, vous ne pouvez survivre sur le marché, quelle que soit votre taille.

✓ *Stabilité :*

Le mot stabilité désigne souvent la longévité et l'endurance à long terme. Une entreprise bien établie a la possibilité de conserver les chocs économiques à court terme de la demande et des prix. Les entreprises qui ont des plans et des politiques de gestion cohérents et des objectifs à long terme définis font également preuve de stabilité et de persévérance à long terme. Si les décisions et les décideurs clés ont changé fréquemment au cours de l'histoire de l'entreprise, leur stabilité est sujette à caution.

✓ *Solidité financière :*

La stabilité et la solidité financière sont une autre composante de la stabilité. Avant d'entrer dans MLM, une entreprise doit déterminer si elle dispose de ressources et de fonds suffisants pour se conformer à la rémunération des distributeurs. Les entreprises doivent également déterminer s'il serait rentable de mettre en œuvre le marketing de réseau et si les avantages escomptés l'emportent sur les coûts associés.

✓ **Formation et soutien aux membres**

La caractéristique la plus importante d'une entreprise de marketing multi-niveaux performante est la qualité de sa formation et du support aux distributeurs ou affiliés. Les entreprises qui considèrent leurs distributeurs comme actifs se concentrent toujours sur l'éducation et la formation de leur personnel non seulement pour perfectionner leurs compétences, mais aussi pour leur permettre de suivre les changements ou les nouvelles tendances dans l'industrie du marketing à plusieurs niveaux. Ces entreprises offrent une formation continue à leurs équipes de vente par le biais de webinaires, de bavardoirs et de vidéoconférences. De plus, les entreprises qui réussissent offrent différents canaux à leurs distributeurs pour résoudre leurs questions et préoccupations, comme les salons de clavardage en direct, les bibliothèques de ressources, les sites Web informatifs et interactifs et les lignes d'assistance aux distributeurs.

✓ *Outils pour la création d'entreprises*

Il est important de se rappeler que le succès des vendeurs est essentiel au succès d'une entreprise. C'est pourquoi les entreprises de marketing multi-niveaux performantes fournissent souvent à leurs distributeurs une variété d'outils efficaces de création d'entreprise. Divers outils utiles tels que cartes électroniques, journaux, calendriers, systèmes de gestion de la relation client, échantillons, testeurs, répondeurs automatiques et diverses autres ressources en ligne sont fournis à vos distributeurs.

✓ *Plan de rémunération*

Un plan de rémunération efficace est encore une fois une nécessité pour le succès du marketing à plusieurs niveaux. Une société de marketing MLM efficace connaît l'importance de sa force de distribution et offre à ses distributeurs un plan de rémunération généreux et équilibré. Il est également important que, quel que soit le modèle de rémunération utilisé par l'entreprise, le régime soit simple, direct et facile à comprendre, et qu'il récompense ses distributeurs ou affiliés avec des niveaux de primes progressifs. Les motiver à accroître leurs efforts pour augmenter leur volume de ventes et recruter des prospects plus qualifiés.

Par conséquent, ce sont les caractéristiques de base qui assurent la survie et le succès d'une entreprise de marketing à plusieurs niveaux, ces quelques caractéristiques devraient guider la façon d'assurer le succès du marketing à plusieurs niveaux.

Le marketing multiniveaux est-il légal ?

Le marketing multi-niveaux est un concept de marketing relativement nouveau et complexe, bien qu'il ait été pratiqué pendant des années sous une forme ou une autre par de nombreuses entreprises, mais la grande majorité des gens le confondent avec les systèmes pyramidaux et remettent en question la légalité du marketing multi-niveau. Maintenant, la question est de savoir si MLM est légal. Voici la réponse : Oui, c'est légal.

Jusqu'en 1979, le marketing à paliers multiples était généralement considéré comme une escroquerie ou illégal parce qu'il n'a jamais été prouvé et jugé en cour. En 1975, Amyway Corporation a été accusée et poursuivie par la U.S. Federal Trade Commission pour avoir opéré en tant que système pyramidal illégal et après quatre ans de litige, Amyway a gagné la cause et le tribunal a exclu que le programme de marketing à plusieurs niveaux de la compagnie était une entreprise légitime et non un système pyramidal illégal. Par conséquent, il est maintenant tout à fait clair que le marketing multi-niveaux est légal et non une escroquerie.

Pour l'instant, il est clair que le marketing à plusieurs niveaux est légal et qu'il ne faut pas y penser à deux fois. Toutefois, les entreprises qui mettent en œuvre des programmes de marketing à plusieurs niveaux doivent strictement élaborer des stratégies qui correspondent à la définition du marketing à plusieurs niveaux, car la frontière entre le marketing à plusieurs niveaux et le marketing pyramidal est mince et illégale.

De plus, en raison de la complexité des structures de commissions, les entreprises développent parfois des stratégies, sinon illégales mais contraires à l'éthique, qui ne sont pas bénéfiques pour les communautés et le grand public.

Toutefois, pour entrer légalement dans la catégorie de la commercialisation à paliers multiples, il faut non seulement faire preuve de bon sens, mais aussi suivre les lignes directrices suivantes de la Federal Trade Commission (FTC) des États-Unis :

Ne concluez jamais un plan qui promet des commissions pour le recrutement de distributeurs supplémentaires. Elle est constituée dans le cadre d'un système pyramidal illégal. Votre rémunération doit être liée aux ventes réelles que vous ou votre downline réalisez, et non au nombre de recrues.

Les plans qui demandent aux nouveaux distributeurs d'effectuer un paiement anticipé ou d'acheter des stocks coûteux sont souvent sceptiques, il est donc essentiel d'être prudent avec eux. Ces plans peuvent s'effondrer rapidement et peuvent aussi être des plans pyramidaux finement déguisés.

De plus, les plans qui prétendent que vous gagnerez plus d'argent en augmentant votre descendance sont irréalistes. Vous touchez des commissions sur les ventes réalisées par les personnes que vous recrutez, et pas seulement en embauchant de plus en plus de représentants. Faites donc attention avec eux.

Attention aux shillings. Les références fausses ou surprojetées utilisées par les entreprises pour vous attirer sont irréalistes, alors soyez prudent.

Souviens-toi, tu ne vends pas de miracles. Par conséquent, l'engagement envers les entreprises qui prétendent vendre des produits miraculeux. N'oubliez pas non plus qu'en vertu des lignes directrices de la FTC, un distributeur ou un vendeur est éthiquement responsable des promesses qu'il ou elle a faites. Alors ne promettez pas ce que vous ne pouvez pas livrer.

Ne concluez jamais un contrat dans une situation de haute pression " maintenant ou jamais ". Ce sont toutes des tactiques contraires à l'éthique pratiquées par les entreprises pour vous piéger. Prenez toujours votre temps et prenez conseil auprès de vos amis et d'autres professionnels tels que comptables, avocats, etc. pour évaluer la faisabilité du projet.

Outre les lignes directrices susmentionnées, la FTC exige également que la société de commercialisation à paliers multiples tire au moins 70 % de ses recettes de la vente au détail à des non négociants. Si ce critère n'est pas rempli, les tribunaux ont conclu que, dans plusieurs cas, la société MLM recrute sans cesse des distributeurs qui recrutent des distributeurs, ce qui peut transformer ces sociétés en systèmes pyramidaux, et non en sociétés de vente et de distribution.

Par conséquent, les lignes directrices ci-dessus sont importantes pour déterminer si la MLM Company répond à la définition légale de faire des affaires. Mais ce n'est pas tout ; en plus d'être légal, il est essentiellement important pour une entreprise de marketing à plusieurs niveaux d'utiliser des normes et des procédures éthiques pour générer ses affaires et ses profits. Plus loin dans ce texte, nous soulignerons les escroqueries générales et les pratiques contraires à l'éthique qui sont souvent pratiquées par peu de sociétés MLM pour tromper leurs employés et les moyens de les éviter.

Escroqueries possibles et comment les éviter

Comme mentionné ci-dessus, le succès de MLM dépend dans une large mesure de l'augmentation du nombre de ventes par l'intermédiaire des représentants commerciaux. Parfois, les entreprises, afin d'attirer les gens, utilisent de fausses affirmations. C'est l'une des principales raisons pour lesquelles beaucoup de gens craignent MLM est parce qu'ils croient qu'ils vont se faire arnaquer. Si vous faites des recherches sur le Web, vous trouverez de nombreux exemples d'entreprises qui font de fausses déclarations et d'escroqueries MLM. Voici quelques exemples de la façon dont les entreprises utilisent des pratiques contraires à l'éthique pour tromper les gens :

Offrir des systèmes de garantie de remboursement

Offrir des miracles au lieu de vrais produits

Demander aux nouveaux distributeurs de payer à l'avance

Promet de donner aux gens dans les rangs une fois qu'ils se sont enrôlés avec eux.

Parfois, les sociétés MLM n'existent même pas dans la réalité, elles ne font que créer de faux sites Web pour piéger les individus.

Vous obliger à acheter un certain pourcentage de votre produit au départ, que vous pourriez ne pas être en mesure de vendre et donc subir des pertes.

Vous promettant des commissions déraisonnablement élevées sur vos ventes.

En dehors d'eux, de nombreuses sociétés MLM planifient tactiquement leur plan de commission qui en fait prend l'argent des fournisseurs ou des personnes travaillant sur le réseau. Les vendeurs naïfs ne comprennent généralement pas qu'ils se font arnaquer et même après avoir investi cent pour cent de leurs efforts et généré suffisamment de clients, ils n'atteignent pas les objectifs irréalistes des entreprises et ne peuvent rien tirer de leurs efforts. C'est pourquoi il est toujours essentiel qu'un vendeur réfléchisse attentivement et enquête correctement avant d'entrer dans la société MLM et de rester loin des sociétés qui appliquent des tactiques contraires à l'éthique pour générer des profits.

Voici quelques conseils pour éviter les escroqueries.

> **Conseils pour éviter les escroqueries marketing à plusieurs niveaux :**

Enquêter sur l'entreprise et sa direction. Par exemple, si vous n'avez pas accès à l'entreprise, pas de numéros de téléphone, pas d'adresses, pas de personnes-ressources, alors ce sont les signes que vous vous faites arnaquer.

Lisez la politique et les procédures avant de vous inscrire. Suivez également les conseils de certains professionnels avant de signer une entente.

Évitez les systèmes de génération de prospects qui dépendent de vos amis et de votre famille.

Nous comprendrons le plan d'indemnisation. Assurez-vous également d'être rémunéré pour les ventes que vous et votre downline générez et non pour le nombre de personnes que vous recrutez, car ce dernier est un système pyramidal illégal.

Vérifiez si le support est disponible pour la ligne supérieure. Déterminer si l'entreprise investit des fonds et des ressources dans la formation de ses distributeurs. Seules de bonnes et fiables entreprises investiront dans la formation de leur personnel.

Si l'entreprise de marketing à plusieurs niveaux demande plusieurs centaines ou milliers d'adhérents à l'avance, il peut y avoir des chances de se faire arnaquer.

Rappelez-vous toujours que le succès de MLM demande du temps et du travail acharné, n'adhérez jamais à des entreprises qui promettent des profits du jour au lendemain.

En suivant les conseils ci-dessus, un vendeur naïf peut réduire les chances de se faire arnaquer et donc concentrer ses efforts sur une entreprise MLM fiable et réaliste.

Possibilités de marketing en ligne à plusieurs niveaux

Jusqu'à présent, notre discussion s'est basée sur une compréhension des principes fondamentaux du marketing multi-niveaux et une chose qui est évidente tout au long de notre discussion est que chaque société de marketing multi-niveaux vise à atteindre de plus en plus de prospects et à générer de plus en plus de ventes. Pensez maintenant un instant à l'époque actuelle, qui est le meilleur moyen d'atteindre le maximum de prospects en investissant le moins de temps et d'efforts possible. La réponse est très simple : `Internet'. En se connectant en ligne, les entreprises MLM peuvent transformer leurs affaires en succès et atteindre des milliards de clients en incorporant des stratégies de marketing en ligne à plusieurs niveaux. Les meilleures entreprises de marketing multi-niveaux exécutent plusieurs stratégies de marketing en ligne afin de générer de plus en plus d'opportunités d'affaires et de concentrer ensuite leurs efforts de marketing sur les opportunités de générer des ventes.

Lignes directrices pour un marketing en ligne efficace à plusieurs niveaux

Examinons quelques lignes directrices pour faire de votre entreprise MLM en ligne un succès ;

> ### **Créez votre site web :**

La première et la plus importante étape dans la sécurisation de votre présence en ligne est de créer votre site web. Tout système de marketing en ligne à plusieurs niveaux commence par un site Web.

➢ *Attirer les visiteurs :*

Peu importe la qualité de votre entreprise, de votre produit ou de votre site Web, cela ne vaut rien si personne ne le connaît ? Par conséquent, la prochaine étape est d'attirer le trafic vers votre site Web. Maintenant, la question est de savoir comment faire cela. La réponse est de vous annoncer. Cela peut se faire par l'incorporation de diverses stratégies de marketing en ligne, comme le marketing d'articles, le marketing viral, le blogging, le marketing vidéo, le marketing social, etc.

marketing, publicités sponsorisées telles que pay-per-click, etc. Pour générer un maximum de trafic vers votre site Web, il est essentiellement important d'utiliser des mots-clés efficaces et de développer du contenu et des tactiques qui maximisent votre classement dans les moteurs de recherche. Toutes ces procédures, si elles sont utilisées efficacement, peuvent attirer des milliards de visiteurs sur votre site Web.

> ➢ **_Générer des clients potentiels :_**

Une fois que vous obtenez du trafic vers votre site Web, c'est maintenant l'étape où vous obtenez des informations de contact pour construire des listes de prospects intéressés. La génération de leads et la création de listes est l'étape la plus importante. Plus loin dans ce texte, nous explorerons en détail les moyens de générer des leads. Vous pouvez le faire via des pages de compression, des pages de courrier électronique opt-in, des pop-ups, etc. Ainsi, vous pouvez ainsi obtenir des informations sur la personne qui s'intéresse à votre entreprise et à votre produit et vous pouvez acheter votre produit dans le futur.

➢ *Établir des relations :*

Une fois qu'une piste est générée, il est temps d'établir une relation de confiance avec le prospect et de le convaincre d'acheter le produit. Rester en contact avec votre prospect est crucial. Cela peut se faire par le biais d'un répondeur automatique, où vous envoyez un ensemble prédéfini d'emails au prospect pour créer crédibilité et confiance.

➢ *Générer des ventes :*

Une fois que vous avez fait cela, vous pouvez convaincre votre client potentiel d'acheter votre produit et de transformer le plomb en client. N'oubliez pas de rester en contact avec vos clients afin de pouvoir non seulement faire des ventes répétées, mais aussi les convaincre de se joindre à votre équipe et éventuellement les recruter comme représentants commerciaux.

En suivant les directives ci-dessus, vous pouvez, en tant que vendeur, récolter un maximum d'avantages et mener à la réussite. Cependant, il est essentiellement important pour un fournisseur à plusieurs niveaux de développer une relation à long terme avec ses clients, car c'est la clé de leur survie à long terme dans l'industrie MLM. Dans le prochain chapitre, nous examinerons l'importance de l'établissement de relations.

L'importance des relations

Pour chaque entreprise, la clé du succès réside dans l'établissement de relations avec ses clients. C'est également vrai pour toute entreprise de marketing multi-niveaux, en fait, l'importance d'établir une relation augmente deux fois dans le marketing multi-niveaux, car vous, en tant que vendeur, vous devez non seulement fidéliser vos clients pour générer des ventes répétées, mais aussi établir avec eux la confiance afin de pouvoir les convaincre de rejoindre votre équipe comme vendeur et comme futur représentant commercial. Alors, comment établir des relations en ligne ? Voici les conseils de base que vous devez suivre pour établir des relations en ligne.

Ajouter de la valeur à vos clients :

L'une des meilleures façons de fidéliser vos clients est de leur offrir constamment de la valeur. Dans le marketing multi-niveaux, l'une des meilleures façons d'ajouter de la valeur à vos clients potentiels est de leur fournir le meilleur produit. Lorsque votre produit satisfait les clients, cela signifie que vous avez tenu les promesses qui leur avaient été faites et que vous développez ainsi votre crédibilité et la confiance des gens qui vous font confiance et vous reviendront à plusieurs reprises.

C'est tout ce qu'on a ? Non, n'oubliez pas que nous parlons de marketing MLM, où vos profits sont basés sur les ventes réalisées par votre downline. Par conséquent, pour un vendeur à plusieurs niveaux, il est tout aussi important d'établir des relations saines et durables avec les gens dans leur entourage. Vos lignes basses sont vos atouts. Essayez toujours de vous entraîner, d'aider et de répondre à vos besoins et d'être toujours là pour résoudre vos problèmes et vos problèmes. De cette façon, vous pouvez non seulement augmenter vos propres revenus, mais vous pouvez aussi augmenter les profits de votre entreprise.

Marquez-vous :

Comme beaucoup de gens font des affaires de marketing à plusieurs niveaux en ligne et afin de se différencier de leurs concurrents et de faire leurs preuves, il est essentiel que vous vous identifiez vous-même. La meilleure façon de le faire est de créer votre propre site Web ou blog qui parle de vous aux gens. Ce faisant, vous augmentez votre crédibilité et vous gagnez la confiance de vos concurrents.

Restez en contact :

Une erreur très commune que la plupart des vendeurs MLM faire est de quitter les clients une fois qu'ils font des ventes. Ne fais plus jamais ça. Il est très important de rester en contact avec le client, en lui demandant comment il a trouvé le produit, ce qu'il veut d'autre dans le produit. Ces tactiques vous aideront à fidéliser vos clients à long terme et à assurer des ventes répétées.

Soyez positif :

Peu de traders se fâchent rapidement à cause des fluctuations de la demande du marché. Il est important, en tant que leader, de rester positif et persévérant, même s'il n'y a pas assez de ventes. La raison pour laquelle vos espoirs perdus ne peuvent pas motiver les gens de votre lignée descendante, par conséquent, restez toujours positif et concentré.

➢ *Génération de clients potentiels*

Tout au long de notre discussion dans ce texte, nous avons souligné qu'un commercialisateur à plusieurs niveaux doit atteindre deux objectifs fondamentaux. L'une consiste à vendre les produits ou services de la société mère et l'autre à encourager le client à devenir également un distributeur indépendant. Ces deux objectifs exigent des actions qui exigent la création de perspectives d'affaires maximales, également appelées " pistes d'affaires ".

Il y a plusieurs façons de générer des clients potentiels. Généralement, un vendeur génère ses propres pistes grâce aux recommandations d'amis, de membres de sa famille et de connaissances, mais est-ce suffisant ? Par conséquent, le vendeur doit utiliser divers outils tels que l'organisation d'événements ou de foires commerciales, la distribution de brochures, d'autres peuvent inclure des recherches ou même le vendeur peut simplement acheter une liste d'entreprises de construction à partir de listes ou autres sources pertinentes.

Les vendeurs en ligne multi-niveaux utilisent également diverses tactiques pour générer des leads. Cela peut se faire par le biais de pages de compression, de pages de courrier électronique opt-in, de pop-ups, etc. Il s'agit essentiellement de moyens courants de recueillir des informations auprès d'un visiteur, par exemple, par le biais de la page de compression, vous fournissez un élément d'information sous la forme d'un article ou d'un clip vidéo pour le client et demandez ensuite au client de laisser leurs coordonnées (généralement e-mail, adresse postale, et autres coordonnées) si elles nécessitent plus de détails. De cette façon, vous serez en mesure d'obtenir des informations sur la personne qui pourra acheter votre produit à l'avenir. Par conséquent, si vous avez une existence en ligne, vous êtes en mesure de générer des masses de contacts commerciaux, qui sont essentiellement vos clients potentiels. Une fois que vous les aurez, cela vous aidera à maintenir une relation à long terme avec eux et vous serez en mesure de les approcher pour vous offrir, vos offres et vos services.

Par conséquent, un spécialiste du marketing à plusieurs niveaux doit générer autant de contacts que possible, ce qui est crucial non seulement pour son existence mais aussi pour la survie de l'entreprise.

➢ *Mesure de la performance marketing multi-niveaux*

Une partie intégrante de l'analyse du succès d'une campagne de marketing à plusieurs niveaux consiste à mesurer le rendement de l'équipe de marketing à plusieurs niveaux. Vous devez identifier les indicateurs de performance clés qui ont un impact significatif sur la rentabilité de votre entreprise. Ces indicateurs clés sont essentiellement des points de contrôle qui vous aident à suivre les progrès de votre équipe marketing à plusieurs niveaux et ses effets sur votre entreprise. En raison de la nature très complexe du scénario de marketing de réseau et des plans de rémunération généralement compliqués, peu d'entreprises ignorent parfois l'évaluation de la performance de leur équipe et de l'impact global sur l'entreprise, mais est-ce bien ou est-ce une grosse erreur ? Seul un fou dirait qu'il a le droit.

La performance d'une équipe multi-niveaux a un impact vital sur votre entreprise et il est crucial d'évaluer la performance car elle vous aidera à formuler vos futures stratégies commerciales et votre plan marketing multi-niveaux. Investir davantage dans les domaines prometteurs et réduire les efforts là où le potentiel est faible. Mais la question est de savoir comment mesurer la performance de votre équipe, comment fournir des données utiles pour la planification de votre stratégie d'entreprise future, quels sont les indicateurs clés de performance ?

Pour évaluer le rendement, il est essentiel de définir des indicateurs de rendement clés. Par exemple, déterminez si votre équipe a atteint les objectifs qui lui ont été assignés, le nombre de ventes réalisées par votre équipe, le nombre de recrues clés que vous obtenez, la réalisation d'une analyse coûts-avantages, le nombre de ventes répétées ou de clients réguliers, l'augmentation des ventes, le niveau de satisfaction de votre équipe, le niveau de satisfaction de vos clients, etc. Une fois que vous l'aurez fait, vous pourrez utiliser ces résultats pour élaborer de futures politiques d'affaires. La mesure des indicateurs clés de performance est donc un processus bien reconnu et est pratiqué par presque toutes les grandes entreprises pour servir de base à la formulation des stratégies futures.

Un autre point important à garder à l'esprit est l'évaluation de vos objectifs d'affaires. Certaines entreprises se fixent des objectifs irréalistes qui sont très difficiles à atteindre. Pour évaluer le rendement réel, il est également essentiel d'évaluer votre plan de rémunération. Par exemple, si la rétention des distributeurs est très faible, plutôt que de pénaliser votre équipe, vous devriez réévaluer votre plan de commission et identifier pourquoi votre équipe ne peut produire des résultats efficaces. Notez également les forces qui ne sont pas en contrôle de vos fournisseurs, par exemple un ralentissement économique, une baisse de la demande à court terme, etc. Par conséquent, afin d'assurer la longévité, les entreprises MLM doivent constamment évaluer la performance de leur équipement et prendre des mesures pour corriger tout trou dans la boucle.

Avantages du marketing multi-niveaux

Le marketing multi-niveaux offre de nombreux avantages. Voici une liste d'avantages associés à l'activité MLM :

- ### Barrières d'entrée minimales :

Le marketing multi-niveaux comme tout autre marketing en ligne est une industrie égalitaire dans laquelle vous pouvez entrer et n'a pas besoin d'entrer pour la douleur. Aussi pour commencer votre carrière en tant que vendeur à plusieurs niveaux et pour démarrer une entreprise MLM professionnellement, vous n'avez pas besoin d'être hautement qualifié, c'est-à-dire que vous pouvez entrer dans cette entreprise sans avoir besoin d'un diplôme ou une expérience particulière.

- ***Flexibilité financière :***

Par rapport à d'autres entreprises, l'entreprise MLM a des coûts d'établissement relativement faibles. Bien que les coûts réels varient considérablement selon le type de régime de rémunération que vous offrez, par exemple, peu d'entreprises exigent un investissement mensuel important dans des produits ou des services ou peu exigent des frais supplémentaires comme l'inscription, etc. pour devenir votre représentant commercial ou vendeur.

- ***Cela exige des efforts ciblés :***

L'approche d'un vendeur MLM est seulement de commercialiser le produit, c'est-à-dire que vous devez concentrer vos efforts sur la génération de ventes et de représentants commerciaux. Tout le reste est fait par l'entreprise elle-même, c'est-à-dire que vous ne commercialisez qu'un produit qui a déjà été fabriqué, et lorsque vous faites une vente, vous n'avez pas à vous soucier d'autre chose, comme l'envoi du produit au client, etc.

- ***Horaire flexible :***

Vous pouvez gérer votre entreprise quand vous le souhaitez. Vous avez la flexibilité de choisir votre horaire de travail. Vous pouvez travailler à temps partiel, à temps plein, le soir, à domicile ou ailleurs. De plus, vous n'avez pas besoin d'un bureau ou d'un espace corporatif approprié pour travailler.

- **MLM offre un revenu à effet de levier :**

L'un des plus grands avantages d'une entreprise MLM, c'est que vous mettez les premiers efforts dans la formation et la génération d'un représentant commercial efficace et le développement d'une descendance efficace. Une fois que vous l'aurez fait, vous pourrez en récolter les bénéfices pour le reste de votre vie. Parce que vous gagnez généralement une rémunération ou une commission sur les ventes que vous générez, ainsi que sur vos descendants, et plus votre descendance est efficace et travailleuse, plus vous pouvez gagner d'argent. C'est pourquoi MLM est généralement considérée comme une source de revenu à effet de levier, c'est-à-dire que vous recevez un revenu continu d'un seul effort initial.

- *Systèmes préexistants*

En tant que fournisseur MLM, vous n'avez pas besoin de développer des systèmes pour recruter, développer et former votre personnel. Celles-ci sont traitées par l'entreprise que vous représentez. Tout ce que vous avez à faire est d'aller vers les gens pour commercialiser votre produit et générer des ventes et les convaincre d'agir en tant que futurs représentants commerciaux.

- *Croissance et développement personnel :*

Le marketing MLM est également considéré comme une source importante de croissance personnelle et de développement des fournisseurs. Au fil du temps, non seulement vous obtenez des qualités professionnelles de vente, mais MLM vous aide à accroître vos relations publiques et à améliorer vos qualités de marketing et de leadership.

> ➤ *Inconvénients du marketing multi-niveaux*

Après avoir discuté des avantages, explorons maintenant le côté obscur qui sont les inconvénients du marketing multi-niveaux. Voici la liste :

- *Régimes d'indemnisation complexes :*

Il est important de noter que les plans de rémunération ou de commission ne sont généralement pas aussi simples qu'ils en ont l'air. La plupart du temps, les entreprises qui veulent maintenir la viabilité financière de MLM fixent un ensemble d'objectifs fondés sur les ventes, la performance ou les normes et ne sont payées qu'une fois que ces objectifs sont atteints. Par exemple, peu d'entreprises paient seulement si vous embauchez un nombre précis de représentants pour générer des ventes futures ; si vous ne le faites pas, vous ne tirerez rien de vos ventes.

- ***Engagement financier :***

Peu d'entreprises piègent les professionnels du marketing en leur demandant une série de frais cachés sous forme de frais d'inscription, de frais de formation ou même, à l'occasion, de frais pour le matériel ou les outils de marketing qu'ils fournissent (p. ex. CD, courtiers, manuels, etc.) aux professionnels du marketing afin de les former sur le produit et ses caractéristiques, de même que sur l'entreprise. La plupart du temps, vous devrez vous engager à acheter un certain volume de produits chaque mois afin de demeurer admissible au programme. Il vous est donc difficile de rester rentable et cela entrave votre existence à long terme dans l'industrie.

- ***Il faut une grande motivation :***

Rappelez-vous que MLM est une question de revenu à effet de levier. Vous ne pouvez survivre que lorsque vous gagnez de l'argent à partir de vos propres ventes plus les ventes générées par votre descendance. Par conséquent, il est d'une importance vitale de garder votre descendance motivée et concentrée. Il est également nécessaire de former et de recruter de plus en plus de personnes pour générer plus de revenus. Par conséquent, la MLM exige des efforts continus et un travail acharné pour sa survie future.

- ***Une concurrence féroce :***

L'activité de MLM ne nécessitant pas de titre professionnel ou de compétence, et n'ayant de surcroît relativement pas de barrières à l'initiation ou à l'entrée, elle favorise une forte concurrence. N'importe qui peut entrer sur le marché et emporter vos prospects. C'est pourquoi pour assurer la longévité, un vendeur MLM sérieux doit travailler très dur car il y en a beaucoup d'autres qui sont prêts à travailler avec leurs sponsors.

Le point de vue des entreprises

Il y a tellement de battage publicitaire partout sur le succès de MLM et les récompenses financières et autres associées à l'utilisation d'une campagne MLM réussie. Mais quelles sont les statistiques, quels sont les faits réels ? Si vous faites vos recherches, vous constaterez que bien que plusieurs entreprises associent leurs succès à MLM. Les grands géants comme Avon, Amyway, Mary Kay et beaucoup d'autres ont de grandes équipes MLM qui sont un avantage pour eux. Mais il est également vrai que près de soixante-dix à quatre-vingts pour cent des entreprises qui entrent sur le marché pour la première fois sont confrontées à des échecs et à des pertes, pourquoi cela se produit-il ? Voici quelques points à prendre en considération :

- ***Raisons des défaillances de MLM***

Découvrons quelques raisons des échecs de MLM du point de vue d'une entreprise :

- ***Sélectionner les mauvaises personnes :***

L'un des plus gros écueils est la sélection des mauvaises personnes. Afin de maximiser leurs commissions, les promoteurs MLM sélectionnent souvent n'importe qui lorsqu'ils recrutent des individus pour faire partie de leur downline. Les gens qui ne sont pas vraiment sérieux et s'ils ne peuvent pas faire assez de commissions, donnent une mauvaise image de l'entreprise partout. C'est dangereux pour la croissance future d'une entreprise. D'autres personnes peuvent être réticentes à se joindre à l'entreprise et/ou à acheter le produit.

• *Engagement envers la recherche et le développement :*

Il est également essentiel que les entreprises se souviennent que la MLM fait partie intégrante de leur stratégie commerciale. Peu d'entreprises concentrent tous leurs efforts sur MLM et oublient le reste. C'est là que les choses tournent mal. Avec d'excellents efforts de marketing, il est également crucial d'investir dans la recherche.

et le développement et la production d'un produit unique aux caractéristiques sonores exceptionnelles. Peu importe la qualité de votre réseau de marketing et de distribution, sans un produit prometteur, tout le reste est inutile.

- **Les plans de la Commission sont gonflés :**

Certaines entreprises, afin d'attirer de plus en plus de gens et de garder une longueur d'avance sur la concurrence, offrent des plans de commission et des prix pour des produits irréalistes ou exagérés et promettent de la richesse du jour au lendemain. Évitez de le faire, d'abord parce qu'il pourrait bientôt s'effondrer financièrement ; ensuite, parce qu'il peut être perçu comme une arnaque et que les gens hésitent à se joindre à vous.

- **Incapacité de comprendre l'offre et la demande du marché :**

Dans l'avidité d'étendre la pénétration du marché et d'atteindre des millions de personnes, la plus grande erreur que font certaines entreprises est d'oublier l'économie de base. Il est essentiel d'évaluer la demande du marché et l'offre de produits. Les entreprises peuvent dépenser d'énormes sommes d'argent pour MLM, mais ce qu'elles ne réalisent pas, c'est le scénario économique. De plus, le prix que vous fixez est un déterminant de l'offre et de la demande, surtout si le produit que vous offrez n'est pas trop différent de ce qui est déjà disponible partout sur le marché. Il est donc essentiel d'évaluer tous ces facteurs avant d'investir aveuglément dans MLM.

- *Recours à des pratiques contraires à l'éthique :*

Le mouvement le plus dangereux qui peut nuire à l'image d'une entreprise est la mise en œuvre de pratiques contraires à l'éthique pour générer des profits à court terme. Des pratiques telles que faire de fausses promesses sur les attributs des produits, facturer des frais initiaux élevés ou exiger un investissement initial important de la part de nouvelles personnes pour se joindre à votre équipe de distribution, les forcer à acheter un grand nombre de produits qui sont vraiment impossibles à vendre, peuvent vous faire profiter à court terme mais nuire à votre image et votre existence sur le long terme.

Il est vrai que MLM promet de grosses sommes d'argent, mais il est essentiel de réaliser qu'il n'y a pas de miracles et que vous devez être prudent et vigilant dans le développement des stratégies MLM et doit utiliser des tactiques légitimes et éthiques, sinon il va s'écrouler.

➢ *Les secrets du marketing multi-niveaux*

Dans le dernier chapitre, nous avons discuté des raisons des échecs de MLM et avons donc mis en évidence certains facteurs essentiels à considérer. A part cela, que peuvent faire les entreprises MLM pour tirer le meilleur parti de leur campagne de marketing multi-niveaux, y a-t-il un secret de succès pour MLM, comment nous différencier des milliers de concurrents déjà présents sur le marché, comment pouvons-nous offrir plus ? Voici quelques secrets MLM à la réussite :

Du soutien, du soutien et encore du soutien :

Tu dois rester à l'arrière de ton équipe.

Ne laissez jamais votre équipe MLM survivre toute seule. Tenez-les au courant et renseignez-les sur le produit, l'entreprise et les tendances et technologies actuelles du marché. Rappelez-vous que la survie et le succès de votre équipe assurent la survie de votre entreprise.

Offrez quelque chose de plus

Les bonnes entreprises offrent toujours un peu plus pour gagner la confiance et la loyauté de leurs employés. Essayez toujours de développer des relations avec votre équipe. Identifiez leurs problèmes et aidez-les à les résoudre. Aussi, certains bonus supplémentaires qui leur sont offerts, par exemple, à Noël, ou qui peuvent leur envoyer une formation pour améliorer leurs compétences en marketing dans les dépenses de l'entreprise, sont des stratégies qui peuvent favoriser la bonne volonté et la loyauté dans leur équipe.

Fournir des outils promotionnels gratuits :

Offrir des outils promotionnels gratuits vous aidera à générer plus de ventes. Les avantages que vous offrez peuvent vous apporter des perspectives, par exemple, en offrant des produits ou services gratuits qui peuvent inclure des produits ou services gratuits. tactiques remarquables, surtout si vous offrez des produits de santé ou des produits cosmétiques. Vous recevez des cadeaux, y compris des produits et services gratuits.

Encourager le travail d'équipe :

Le marketing à plusieurs niveaux est

basé sur le travail d'équipe et l'établissement de relations. Il est également avantageux pour une entreprise d'utiliser des techniques qui favorisent le travail d'équipe au sein de son réseau de distributeurs. Vous pouvez le faire en organisant des séminaires à intervalles réguliers, en impliquant les membres de l'équipe par le biais de bavardoirs en ligne et d'autres réseaux sociaux où les gens peuvent se rencontrer et apprendre les uns des autres.

Développer une attitude appropriée

Tous les spécialistes du marketing MLM doivent apprendre le secret du développement d'une attitude appropriée dans la conduite de leurs affaires, en particulier lorsque vous êtes dans le commerce MLM en ligne. Comme vous n'êtes pas en contact direct avec votre client, votre attitude doit être telle qu'elle attire votre prospect. Respectez vos prospects et soyez honnête, sincère et poli en tout temps. Communiquez avec vos acheteurs potentiels d'une manière respectueuse. Une bonne chose à savoir est que les gens vous suivent, une fois qu'ils vous aiment et achètent chez vous.

Par conséquent, en incorporant ces secrets, vous pouvez offrir quelque chose de plus à votre personnel et à vos clients et en récolter ainsi les bénéfices à long terme.

Conclusion : Résumé

Le marketing multi-niveaux est un atout pour toute entreprise qui veut pénétrer le marché et générer des profits. Toute entreprise rêve de faire plus de ventes afin de réaliser un profit. En incorporant les techniques MLM, les entreprises peuvent facilement atteindre leurs objectifs, mais encore une fois, il est important de se rappeler qu'il n'y a pas de raccourcis. La constance, le travail acharné et l'effort sont les conditions du succès.

Bien que MLM est généralement considéré comme une escroquerie ou illégal, il n'est pas illégal. C'est tout à fait légal. Méfiez-vous toutefois des pratiques frauduleuses que les entreprises moins légitimes utilisent souvent dans le cadre de leurs activités. De même, les véritables sociétés MLM doivent respecter scrupuleusement les directives légales et les moyens éthiques des pratiques de leurs employés qui garantissent non seulement le succès, mais aussi la pérennité de l'entreprise.

L'autre dimension de MLM est son extrême flexibilité qui permet à de nombreuses personnes autour d'elle de s'impliquer dans l'entreprise et de générer de l'argent à leur propre rythme. Une chose que tout spécialiste du marketing à plusieurs niveaux doit comprendre, c'est que ce n'est pas un miracle et qu'il faut du temps et des efforts pour réussir, alors ne vous fâchez jamais à cause des échecs initiaux et ne renoncez jamais rapidement. Allez-y et continuez à travailler dur et vous ne serez pas loin du succès et de récolter de gros revenus.

Maintenant oui, je vous souhaite le meilleur dans vos résultats, et rappelez-vous que tout est pratique ; la théorie sans l'action ne vous est d'aucune utilité.

Un gros câlin, ton ami, Gaston !

D'ailleurs, lorsque vous obtiendrez vos résultats petit à petit, je vous recommande vivement, si vous voulez en savoir plus sur les méthodes de gagner de l'argent, mon livre, sur "COMMENT FAIRE DE L'ARGENT AVEC VOTRE BLOGUE EN 2019", est un livre qui je suis sûr vous aidera beaucoup sur votre chemin vers "liberté financière". Sans plus attendre, vous pouvez le trouver dans le moteur de recherche Amazon, comme : "Comment gagner de l'argent avec votre blog en 2019" ou chercher mon nom, comme : "Gaston Echevarria"... Encore une fois, je vous souhaite beaucoup de succès dans vos résultats !

www.ingramcontent.com/pod-product-compliance
Lightning Source LLC
Chambersburg PA
CBHW072154170526
45158CB00004BA/1645